Larmes de silence

Du même auteur

chez le même éditeur

Plus jamais seuls, avec Marie-Hélène Mathieu, 2011.

Homme et femme, Dieu les fit, 2009.

Le Goût du bonheur, 2000 ; 2010.

Accueillir notre humanité, 1999 ; 2010.

Jean Vanier

Larmes de silence

Une méditation

Photographies de
Jonathan Boulet-Groulx

Préface de
Frédéric Lenoir

PRESSES
DE LA
RENAISSANCE

Presses de la Renaissance, un département d'Édi8,
12, avenue d'Italie
75013 Paris
Tél. : 01 44 16 09 00
Fax : 01 44 16 09 01
www.plon.fr

ISBN : 978-2-7509-0870-6

PRÉFACE

J'ai rencontré Jean Vanier il y a tout juste trente ans. J'avais 22 ans et j'ai été bouleversé par son témoignage, par sa simplicité, par la vérité de son propos. J'étais alors en plein désir d'ascension spirituelle à travers la voie monastique et il me disait que l'essentiel était de reconnaître et d'accueillir sa propre fragilité pour pouvoir reconnaître et accueillir celle de l'autre. À la suite de cette conférence, ma vie a véritablement basculé. Nous nous sommes retrouvés quelques années plus tard lorsque, ayant renoncé à mon ambition de radicalité spirituelle qui faisait fi de mes propres limites et blessures intérieures, j'avais quitté le monastère pour travailler dans l'édition et vivre de l'écriture. Je suis venu à Trosly-Breuil rencontrer les communautés de L'Arche, où vivent dans un profond et joyeux partage des personnes ayant un handicap mental et des personnes non handicapées appelées « assistants » venues de tous les horizons. C'est dans ce petit village de l'Oise que Jean avait commencé cette nouvelle expérience de vie en 1964 avec Philippe et Raphaël, qu'il avait réussi à faire sortir d'institutions spécialisées où ils étaient profondément malheureux. Lors de ce séjour, j'ai proposé à Jean de l'aider à écrire un livre qui explicite les raisons de son engagement et sa philosophie de la vie : *Toute personne est une histoire sacrée*. Nous avons eu l'occasion de nous revoir plusieurs fois au fil des ans et je suis très touché qu'il m'ait demandé d'écrire cette brève préface à la réédition de *Larmes de silence*.

À travers cette belle méditation, qui nous conduit de la peur à l'amour et du tragique à l'espérance, mais aussi à travers les photos émouvantes de Jonathan Boulet-Groulx, nous comprenons ce qui anime les communautés de L'Arche, dont nous fêtons cette année le cinquantenaire. Nous comprenons que la faiblesse n'est pas une malédiction et que nos fragilités, si elles sont reconnues, peuvent être les véritables points d'appuis de liens forts et fraternels. Nous comprenons que le chemin de la paix nous est toujours offert et qu'il passe par la réconciliation avec nous-mêmes dans l'acceptation de nos propres blessures et dans la reconnaissance de notre béance d'amour. Nous comprenons que l'échec peut nous faire grandir et nous rapprocher les uns des autres. Nous comprenons que les plus démunis nous enrichissent et que rien n'a davantage de prix que la communion. Ce qu'illustre à merveille la dernière photo de ce beau livre. Un ouvrage qui est un parfait antidote à l'injonction de réussite individualiste et de performance de notre monde actuel, qui laisse tant de gens au bord de la route ou dans la solitude, suscitant malheur et dépression. Comme le dit si justement Jean Vanier : « Nous faisons partie de la création où toute vie est appelée à grandir, fleurir et porter du fruit [mais] le mouvement biologique de la croissance a besoin de ce complément physique et spirituel de l'amour. »

Frédéric Lenoir

INTRODUCTION

Larmes de silence a été publié pour la première fois en 1970, juste six ans après que j'ai commencé à vivre avec Raphaël Simi et Philippe Seux. Tous deux avaient été enfermés dans une institution lugubre et violente destinée aux personnes atteintes de déficience intellectuelle. Les larmes de ce livre venaient du cri de mon cœur face à la douleur et l'humiliation de tant de personnes abandonnées dans ce genre de terribles institutions ou dans la rue. Elles venaient aussi du cri de colère qui montait en moi face à l'indifférence d'un monde aveuglé par la recherche de toujours plus de richesses, de pouvoir et de succès. Plus profondément, ces larmes appartiennent à ceux qui, à l'époque et aujourd'hui encore, crient silencieusement dans le désespoir de leurs cœurs, sans oser espérer qu'un jour ils seront entendus.

Depuis la création de la première communauté de L'Arche, cinquante années se sont écoulées et nos communautés se sont maintenant répandues à travers le monde. Encore beaucoup trop de personnes, dans trop de pays, demeurent oppressées, humiliées et rejetées. Il y a encore tant d'injustices. Mes larmes et ma colère demeurent, même si cette colère justifiée a été tempérée lorsque j'ai pris conscience de notre difficulté à nous ouvrir à ceux qui sont différents et dans le besoin, et à nous laisser transformer par l'autre. Quand nous restons emprisonnés dans nos cultures, nos certitudes et notre besoin de devenir plus puissants et plus riches, nous restons bien évidemment fermés aux faibles de ce monde. Ce n'est pas facile de sortir de la réalité de nos groupes pour découvrir la beauté de notre famille humaine qui, de bien des façons, dépasse toutes les différences culturelles ou religieuses.

Nous sommes si profondément divisés. Tant de personnes restent bloquées dans la dépression, que celle-ci soit enracinée dans la solitude et le rejet ou dans la recherche excessive de sécurité et de confort. La libération et la transformation sont un long chemin pour chacun de nous. Au cours de ces cinquante dernières années, je suis devenu particulièrement attentif au danger de juger et donc de condamner l'autre et ainsi durcir nos différences. Une compassion et une colère indignée sont aujourd'hui toujours nécessaires si nous voulons briser les chaînes qui nous entravent et incarner nos larmes dans des relations qui donnent une nouvelle vie à tous.

Où trouvons-nous le courage de nous laisser interpeller et transformer pour que nous puissions nous lever comme des messagers de paix et d'unité ? Je prie et j'espère que cette nouvelle édition, magnifiquement illustrée par les photos si expressives et émouvantes de Jonathan, encouragera de plus en plus de personnes à risquer de traverser les barrières qui nous séparent, et de devenir amis avec ceux que nous avons rejetés pour qu'ils puissent se relever dans l'espérance.

Jean Vanier

AVANT-PROPOS

On dit qu'une photo vaut mille mots et qu'un seul mot peut évoquer un millier d'images à la fois. C'est ce que nous essayons de proposer dans *Larmes de silence*. Coopérer pour raconter une histoire ; puisque nos vies prennent souvent racine dans les graines semées sur la terre par une histoire singulière, des histoires méconnues que nous racontons à ceux que nous aimons.

Cet ouvrage revient à la vie car, il y a trois ans, j'ai eu l'insigne honneur de rencontrer monsieur Vanier pour la première fois. Lors de cette toute première rencontre, la graine qui fit germer cette réédition a été semée. Ce qui fut le plus important pour moi, toutefois, c'est que cette rencontre allait marquer le début d'une collaboration entre le fondateur de L'Arche et un très jeune photographe qui réalisa, grâce à L'Arche, que sa passion résidait dans les gens et leurs histoires.

Chaque photographie que vous verrez dans ce livre représente une histoire en soi ; comme les différents visages de la vie, de l'amour, de la lutte et du pouvoir. Tout cela fait partie d'un projet de vie personnel : découvrir de quelle manière la fragilité humaine peut nous aider à devenir de meilleurs citoyens, de meilleurs frères et sœurs, de meilleurs amis, amants, aidants, rêveurs, décideurs, etc. Être meilleurs dans le fait d'être ce que nous sommes, avec les dons qui nous ont été offerts. Après tout, la fragilité n'est qu'une excuse pour trouver ce qui se cache en moi et ce qui se cache en vous. Notre réaction, en tant qu'individu et en tant que société, peut se traduire par le rejet ou par l'inclusion. Le choix de se refermer ou de s'ouvrir nous appartiendra toujours.

Si j'ai choisi de mettre la fragilité au cœur de mon travail, c'est parce que je crois qu'elle se révèle infiniment plus fédératrice et contemporaine qu'on voudrait bien le croire. Une société inclusive, qui accorde véritablement une place à toutes les personnes, devient plus humaine. De nos jours, c'est une partie de cette humanité qui manque cruellement à notre société, au moment où nous évoluons dans un monde où l'individualisme semble primer comme le principal symptôme de la réussite.

Il est difficile de regarder la souffrance droit dans les yeux. Elle vous implore et espère peut-être, et peut-être seulement, que vous agirez. La souffrance est effrayante et puissante. Trop souvent, nous nous croyons trop faibles, trop fragiles ou impuissants pour faire quoi que ce soit. Pourtant, un cri du cœur retentit, une voix intérieure qui ne peut abandonner l'amour et la compassion. L'indignation et le courage marchent main dans la main. Puis, nous nous tenons debout. Nous devons tous nous tenir debout pour créer un monde meilleur.

Alors que faire ? Effectuer un premier pas dans la bonne direction ; se laisser émouvoir par l'autre, puis poursuivre son chemin jusqu'à sa rencontre. Un sourire, un hochement de tête, s'asseoir dans l'escalier de la maison et suivre le vol des oiseaux. Le reste découlera de lui-même.

Nous pouvons sûrement apprendre les uns des autres à propos de l'art d'accueillir, d'accepter et de vivre en communauté. Nous pouvons peut-être révéler à la face du monde que la différence, la fragilité et la beauté ne sont pas toujours là où nous croirions les trouver.

JONATHAN BOULET-GROULX

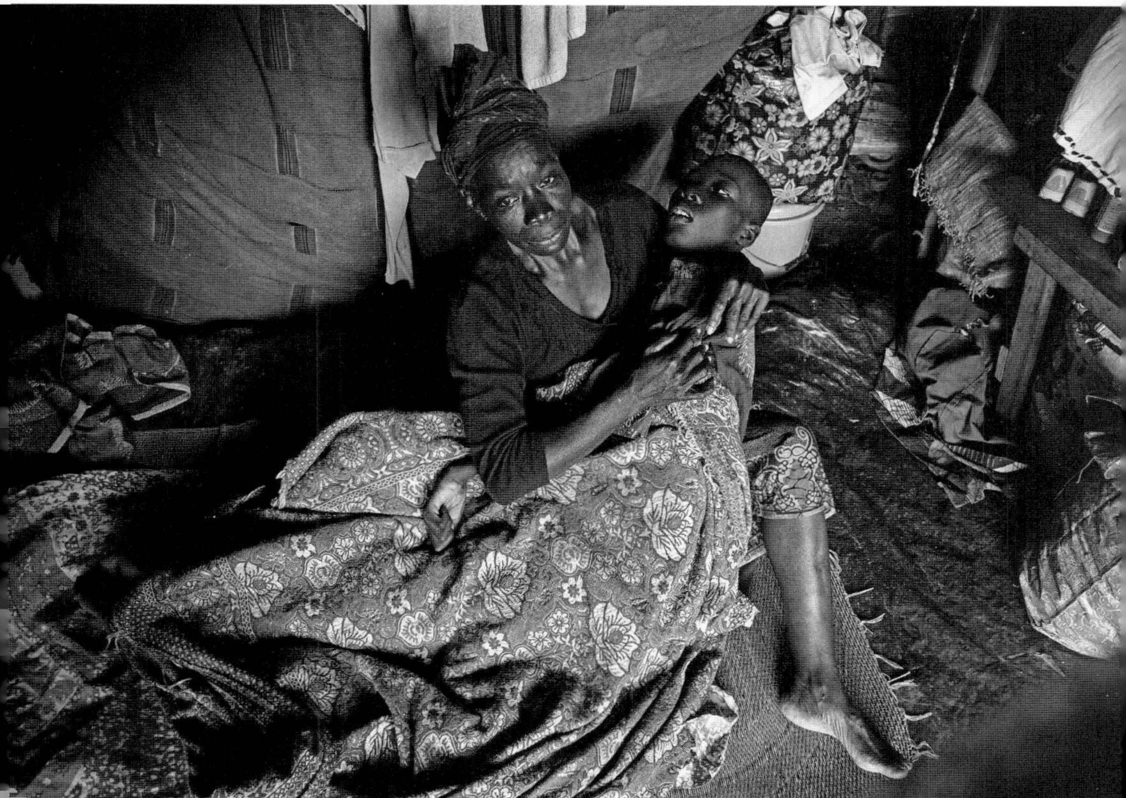

Nos vies sont de brefs instants qui portent en eux les semences de paix, d'unité et d'amour ainsi que les semences de guerre, de dissension et d'indifférence.
Quand nous lèverons-nous avec le désir d'arroser et de veiller sur les semences de paix, d'unité et d'amour ?
Qui osera ?

Grâce à une écoute attentive, à un bon accompagnement et au pardon mutuel, nous pouvons marcher ensemble sur le chemin de la paix.
Grâce aux relations tissées avec d'autres et avec Dieu qui demeure si proche de nos pauvretés, nous pouvons être transformés, guéris et conduits à la plénitude de la vie. Ensemble, avec les personnes les plus marginalisées de notre monde, nous pouvons devenir un signe d'espérance pour notre humanité.

Ce livre est dédié à tous les visages qui y apparaissent et qui nous représentent vous comme moi, tous ceux qui ont peur et qui malgré tout aspirent à la fraternité universelle.

Je souffre de parler d'amour sans moi-même aimer comme il le faudrait. Je demande pardon à tous ceux que j'ai blessés et à tous ceux que j'ai côtoyés sans voir leurs blessures.
Priez pour moi, mes frères et sœurs.

Tant de fois,
une rencontre a révélé des barrières
des blocages
en moi

Cœur de pierre
Cœur de pierre
Incapable d'écouter
j'ai peur
je me défile
Qui peut me libérer de moi-même ?

Celui qui se cramponne à la sécurité et à la normalité
aux habitudes quotidiennes, au travail
aux amis
à la famille
se ferme
ne vit plus

La vie implique sécurité
mais elle est surtout aventure
risque
présence aux autres
tendresse
écoute profonde
silence respectueux

SHARP
60"
80"
70"
"VIEWMONGOUS"
BIG IS TOO SMALL A WORD FOR IT.
AQUOS
ELYSIUM
NO GUTS NO GLORY
EDGE WALK
NEW CHEVROLET TRAX
THE CITY-SIZED SUV
milestones
GRILL + BAR
The Beer Store
springsushi
SHOPPERS DRUG MART
25 FAB EATERIES!
FREE WI-FI ON LEVEL 3
COMING 2013
Toronto Transit Commission
Dundas
adidas
AVW·TELAV
Audio Visual Solutions
(416) 234-5444

Sur le chemin de nos vies
parfois des obstacles
nous barrent la route...
ils nous écrasent,
accablés de fatigue nous nous effondrons,
incapables d'avancer,
ou de faire marche arrière,
un échec coupe notre élan,
un ami devenu infidèle
un examen manqué
un échec professionnel ou sentimental
le dynamisme disparaît
notre corps devient comme du plomb
nous nous enlisons dans un monde de désillusion
inertes
amorphes

Puis, vient un changement :
l'hiver s'éloigne, le printemps chante
un ami téléphone
une petite pause ou des vacances
alors jaillissent des forces nouvelles
nos corps reprennent vie
comme le soleil à l'aube
calme
constant
indéfectible

MOUNT SINAI HOSPITAL

D'autres tombent
dans la tristesse
ils luttent, ils se redressent
et tombent de nouveau
les obstacles se suivent
les laissant abattus, déprimés,
écrasés
la vie ne fleurit plus...
la joie de vivre a disparu...
a-t-elle jamais existé ?
Entraînés dans la spirale
de la dépression
au désespoir
de la tristesse
à la misère...
ils s'effondrent
coupés du monde
terriblement seuls

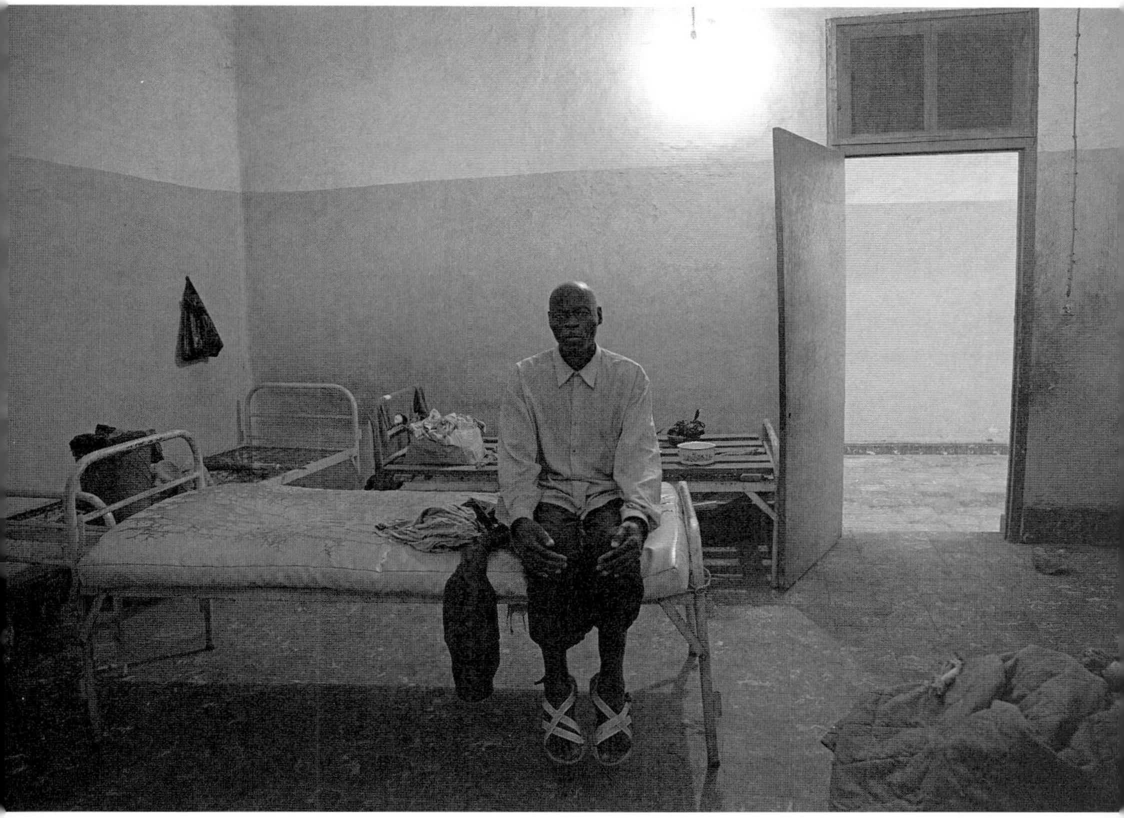

La personne
noyée dans sa misère
écrasée, blessée
sans espoir de vie
cernée de toutes parts
par les obstacles et les difficultés
sans désir
sans motivation
sans volonté de vivre
enfermée à double tour
seule
profondément seule

Cependant chaque personne est merveilleuse et mystérieuse
lorsqu'elle est éveillée
par une présence humble
et une écoute de tendresse et de compassion
jaillit alors
l'espérance
une énergie nouvelle
une plénitude de vie

Reconnue comme un être sacré
un frère ou une sœur en humanité
malgré les blessures
malgré la pauvreté
éclatent alors
une créativité nouvelle
une vraie bonté
un souci des autres
un désir de travailler
un sentiment d'émerveillement
un goût de l'infini
qui s'intensifient sans cesse
en s'approfondissant

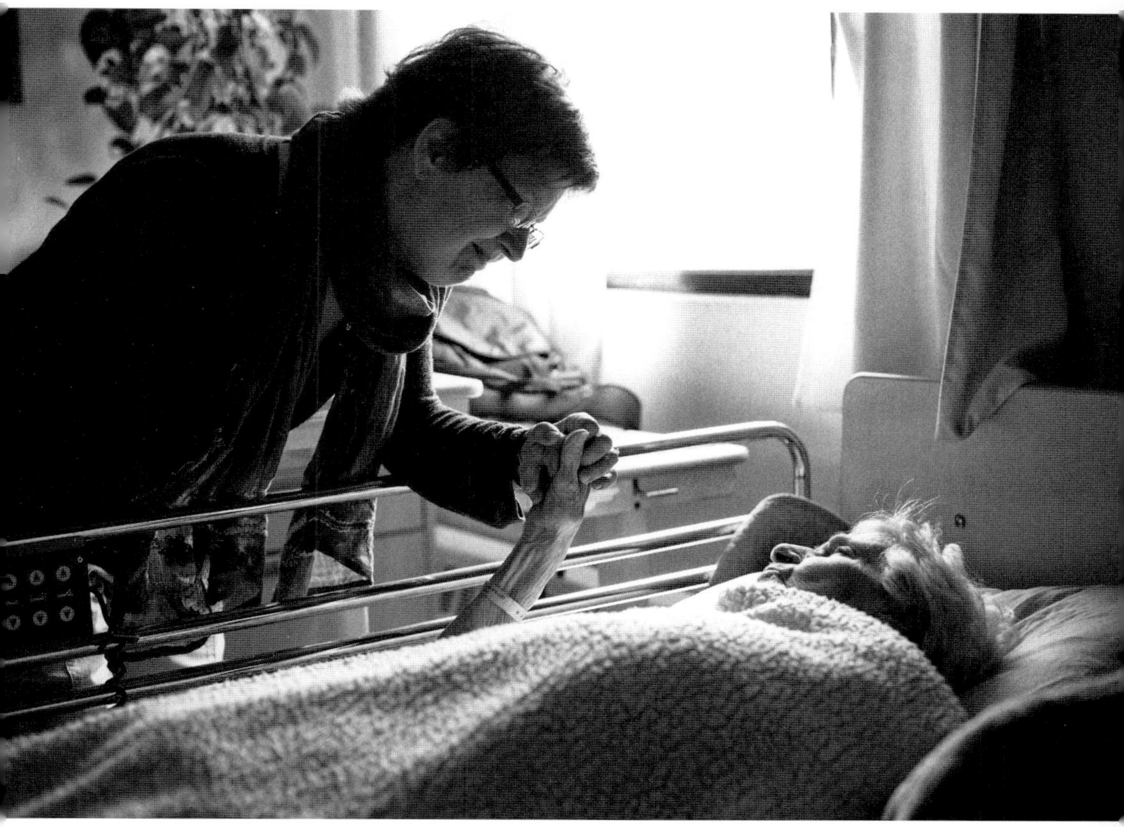

Lorsqu'il y a un intérêt
la vie devient belle !
sans intérêt… sans lien avec d'autres
l'inertie s'installe
j'erre sur le chemin de la vie
cynique
et triste
triste à en mourir
on meurt si vite !
j'ai peur de ma propre violence
qui pourra faire face à ma violence
avec tendresse ?
qui m'appellera à la vie
et me mettra sur la voie d'une guérison
et d'une transformation
qui conduisent à une célébration ?

Écroulé...
sans énergie,
ni beauté,
cette beauté qui jaillit avec la vie...
le regard éteint
rien en moi n'attire
on se détourne de moi...
abattu
et rejeté,
couvert de honte, humilié
abandonné...
je suis seul... angoissé,
brisé

Alors je me laisse aller
je sombre
à la dérive
des amis passent
ils rient
moi, couché sur mon lit
fumant
buvant
ou assis... vautré
la télévision fonctionne sans arrêt
j'attends
j'attends
mais j'attends quoi ?

J'ai peur…

tes yeux hagards
tes plaies ouvertes
ta peau, noire ou blanche
ces relents d'alcool
ces cris de folie

j'ai peur
tes failles me rappellent
mes propres failles
mes propres blessures
mes propres violences
je fuis
de peur de me reconnaître
en toi
de reconnaître mes blessures
dans les tiennes

ton cri de misère
éveille mes peurs profondes
peur de perdre mon argent, mon temps, ma réputation, ma liberté
peur surtout de me perdre moi-même
peur de l'inconnu
la misère est une terre inconnue
la terreur du désespoir
tes mains…
tes mains tendues
vers
moi
j'ai peur de les toucher
d'être englouti au plus profond
dans l'inconnu…
de mes propres blessures

Je crains ma propre faiblesse
le vide de mon existence, ma vulnérabilité
tu me rappelles que moi aussi, je dois mourir
je tourne le dos
je retourne à ma vie confortable
je fuis la réalité fondamentale
de ma propre existence
ma propre pauvreté
et la tienne,
je refuse d'aimer...

J'ai peur de ta main tendue
qui m'appelle vers l'inconnu
l'inconnu de l'amour...
parce que j'ai peur du vide qui est en moi
de ma pauvreté
et du rappel de ma propre mort
j'ai peur de moi-même
je ferme mon cœur...
un bloc de ciment
me coupe de toi
mon frère, ma sœur,
désespéré

tu es dans une prison de désespoir et de tristesse
moi aussi, je suis emprisonné mes barreaux sont
mes soi-disant amis,
mon groupe social, ma culture, mes habitudes, ma profession
je suis « comme il faut »
des barreaux que j'ai scellés un à un
pour ne pas te voir, mon frère, ma sœur
car ta présence,
cachée dans la misère,
m'appelle...

vais-je détourner la tête
ou oser...
l'amour est le plus grand de tous les risques
me donner à toi
oserai-je... oserai-je
me plonger dans le tourbillon risqué des eaux vives
de l'amour fidèle... ?

La personne qui vit dans la misère
est toujours là
elle attend
elle attend quoi ?
couchée dans une prison
de souffrance... elle se déteste
elle attend
sans attendre vraiment
car elle a perdu tout espoir
on attend seulement quand il y a de l'espoir
s'il n'y a plus d'espoir...
nous demeurons dans un sentiment de mort
sans vie
tristes à en mourir
elle attend
sans attendre...

La personne enfoncée dans la misère
a perdu espoir
elle ne le sait que trop bien
elle n'a plus cette énergie, cette vitalité
nécessaire à l'espoir

quand il y a le désespoir
la misère est bien plus grande à cause de cette conscience
le désespoir et l'angoisse

c'est se sentir indigne de s'en sortir
de se relever

La personne enfoncée dans la misère n'a nul besoin d'un regard
qui juge, critique,
il lui faut une présence réconfortante
qui apporte paix, espoir et vie
et qui dise : « tu es toi
une personne humaine
importante
quelqu'un de mystérieux
infiniment précieux
ce que tu as à dire
est important
car il émane
d'une personne humaine
en toi sont des semences
d'infini
ces semences d'amour, de beauté
doivent germer dans la terre
de ta misère
pour que l'humanité s'accomplisse
si tu ne t'accomplis pas
il y aura un vide
tu dois ressusciter
nous avons tous besoin de toi
toi,
enfant de Dieu
mon frère, ma sœur,
aimé
bien-aimé »

nous pouvons cheminer ensemble

D'une façon mystérieuse
la qualité de ma présence, de mon regard
t'apporte la vie
et me transforme aussi

ou nous apporte la mort
à tous deux

Ce regard
cette main…
fait naître
la vie… l'espoir, la joie
si
tu crois en moi,
peut-être alors
puis-je faire quelque chose d'utile de ma vie
peut-être ma vie vaut-elle la peine
ainsi,
la flamme de l'espoir commence à briller
ta présence fidèle
et ta confiance sans faille en moi
me communiquent réconfort
et confiance
ton regard
le toucher de tes mains
m'apportent un message merveilleux d'espérance
me désarment
m'ouvrent

« ton moindre regard m'ouvrira
bien que je me sois fermé comme des doigts
tu m'ouvres toujours un pétale après l'autre
comme le printemps ouvre
touchant habilement, mystérieusement
sa première rose »
e.e. cummings

Comment alors approcher la personne blessée ?
avec amour
humblement
surtout pas par en haut
mais par en bas
sans chercher à dominer
ni même à donner des choses
plutôt que moi-même
mon temps,
mon énergie,
mon écoute
mon cœur
ma conviction
que chaque personne est importante
un enfant de Dieu

l'approcher avec tendresse
le toucher avec respect
des mains délicates qui apaisent
et répandent l'huile de miséricorde
sur ses blessures les plus profondes

« et je vous donnerai un cœur nouveau ;
je mettrai en vous un esprit nouveau,
j'ôterai de votre chair le cœur de pierre,
et je vous donnerai un cœur de chair »
Ézéchiel 36, 26

MOLTES
FELICITATS!!

Celui qui est
ou a été
profondément blessé
a le DROIT
de savoir
qu'il est
AIMÉ

La compassion
n'est pas un moment qui passe
un regard sympathique et fugitif
une curiosité morbide
une pitié écrasante
un geste de bienfaisance
une naïveté incompétente

l'appel des yeux éteints,
des corps meurtris
des esprits aliénés
qui crient
ont besoin d'un amour réel
qui grandit doucement
où se fait sentir la présence de l'Éternel
une espérance
la sécurité nouvelle d'une vraie amitié
qui demeure

Quechua

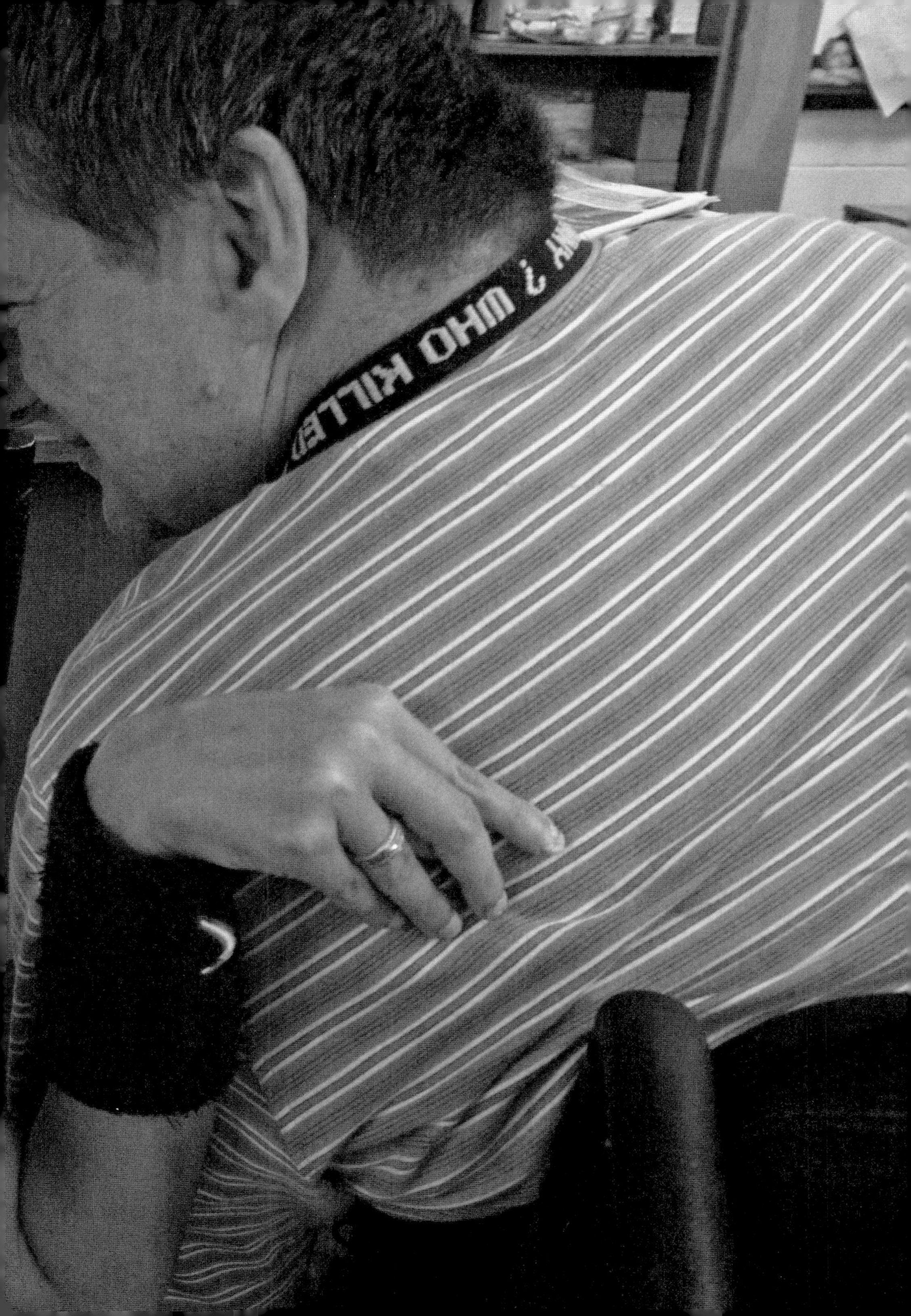
WHO KILLED

Com-passion...
un mot plein de signification :
partager la même passion
la même souffrance
la même agonie...
accueillir en mon cœur
ta misère ô mon frère, ma sœur...
comme toi tu m'accueilles
j'ose m'accueillir moi-même

lien d'amitié
écoute attentive
soutien fidèle
transformation
mystère
au cœur de l'amour

oui, il y a la peur
mais bien plus profond
le cri persistant qui jaillit du tréfonds du cœur de la souffrance
m'appelle...
me donne le pressentiment
que mon sourire, ma présence
ma confiance,
ont une valeur de l'infini
transmettent la vie

une amitié est née
communion
présence mutuelle
faite d'humilité et de pardon
engendrant
joie tranquille

Qui peut donner la vie
aux désespérés,
aux cœurs broyés, en agonie,
aux sans avenir,
aux malades atteints dans leur esprit ou leur corps,
aux vieillards, aux solitaires,
aux méprisés, aux angoissés,
à ceux qui sont à bout de force ?

l'homme d'état est appelé à créer des lois
mais qui est appelé à transmettre l'espoir aux désespérés... ?

comment approcher celui qui me dégoûte ?
J'ai si peur de quitter ma sécurité
pourtant je sens
d'une façon mystérieuse
un appel
le cri silencieux qui émane de la misère
des **larmes de silence**
au plus profond de moi-même
j'entends cet appel...
un murmure...
la vie a un sens
mais seulement dans la mesure
où je découvre l'amour
ni raisonnement,
ni explication,
simplement une intuition
... un acte de foi
que je puisse entrer
dans le mouvement vaste et puissant,
de la vie et de la fécondité

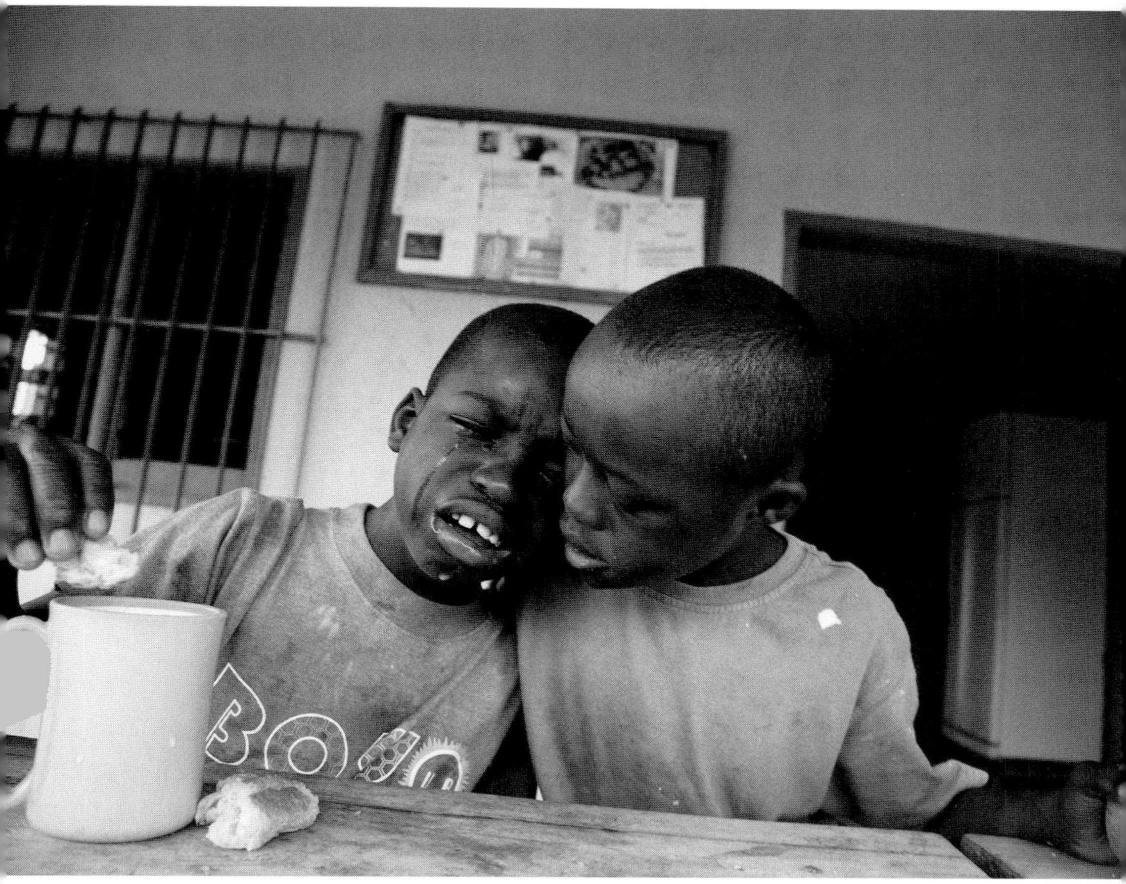

Le pressentiment
... que ma joie donne joie
que mon espérance donne espérance
et
que je puisse d'une manière silencieuse, communiquer
l'Esprit qui vit en moi...
non par ce que je dis
mais par la façon de le dire
une attention profonde
une tendre présence
une manière d'écouter
les battements si faibles de ton cœur

pour cela
j'ai besoin d'une communauté
de personnes
qui me soutiennent et me confirment
qui m'appellent à la prière, à la fidélité
et à l'écoute du cri des cœurs blessés
oui, des personnes unies dans l'amour
nées pour la mission
de transmettre la vie

Ensemble
écoutant
écoutant les murmures
des cœurs souffrants
silencieux
une écoute qui réconforte
et éveille ton cœur

aurai-je l'audace
aurons-nous l'audace
de croire ?
d'entendre ton appel silencieux ?
d'accueillir tes larmes de silence ?

de l'autre côté existe le monde de l'efficacité
les ordinateurs, les iPhone, les diplômes
les hiérarchies élitistes
un monde de quelques gagnants et une multitude de perdants

et mes amis ?
ils pensent que je suis fou...
sont-ils vraiment mes amis ?
suis-je fou ?...
les doutes
les forces opposantes en moi
lassitude, peurs

malgré cette guerre étrange et silencieuse...
la vie toujours appelle
la compassion jaillit de mes entrailles
est-ce que j'ose ?
est-ce que nous osons ?
croire
oserai-je
oserons-nous
nous livrer à ton appel ?

« Si tu donnes ton pain à l'affamé
si tu consoles les affligés
alors ta lumière brillera dans les ténèbres
et ta splendeur comme le midi du jour
et le Seigneur te guidera continuellement

et tu seras comme un jardin bien arrosé
comme une source jaillissante
dont les eaux sont intarissables »
Isaïe 58, 10-11

SENATORS

Ô Dieu
mon Dieu
ne me laisse pas fléchir, diminuer,
m'enfoncer dans un sommeil sans fin, une somnolence
qui ne ressource pas
empêche-moi de tomber dans la prison
des habitudes égoïstes
dont les barreaux
de la superficialité empêchent
la vie de couler
vers le goût de l'infini
ouvre-moi à ton appel
romps ces barrières
qui m'empêchent de vivre, mon Dieu,
détruis ces barrières
qui menacent de m'étouffer...

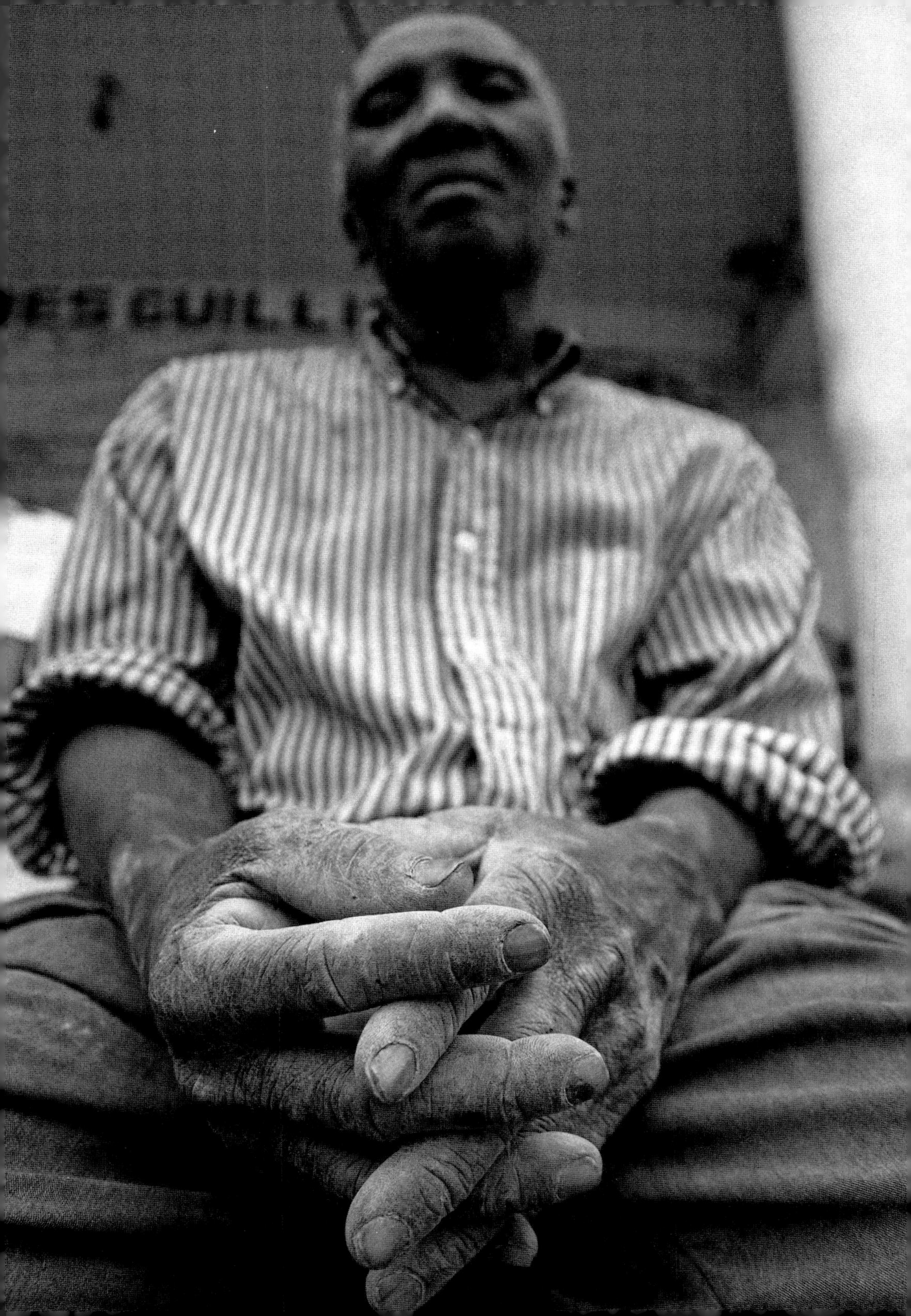

Des barrières trop vite détruites
ou la vie découverte avant l'heure de la fidélité
et de la responsabilité
sont
d'autres formes
de mort
ceux qui cherchent à s'évader
dans des expériences de vagabondage sexuel
ou dans la drogue pour oublier
perdent la vie

présence
communion
et amour grandissent lentement
la fidélité se prolonge
en paix et liberté

Je crains
cette mystérieuse puissance de la compassion
où je suis pleinement moi-même
ne jouant plus un rôle
ni portant un masque
de faux-semblant

la compassion exige
que je sois moi-même
avec mes dons et ma pauvreté
ainsi l'Esprit
respire
circule
et vit
aime
en moi
mon être s'ouvre
sans peur
au toucher délicat
de la main de Dieu
acceptant d'être aimé
tel que je suis
avec mes peurs et mes fragilités
avec mon intelligence et mes compétences
avec mon cœur et mes espérances

libre d'être moi-même

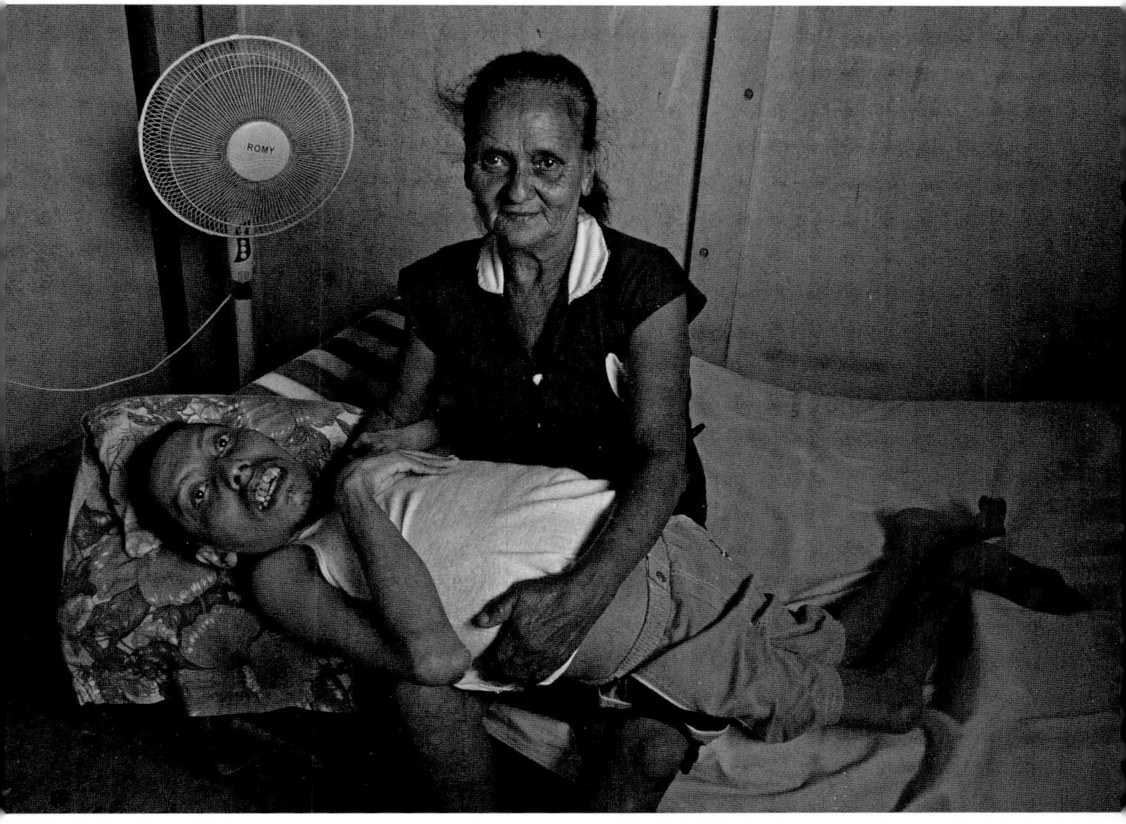
ROMY

Maturité du cœur
s'acceptant
soi-même
avec les limites
de ma pauvreté
je n'ai plus peur
de l'autre broyé dans la misère
d'être possédé par lui
de tomber d'épuisement
je n'ai plus peur
de me perdre moi-même de révéler qui je suis

j'ai besoin de ta main secourable
de ta douce présence
pour ne pas reculer, tomber
ou abandonner le chemin de l'amour

En chacun de nous il y a ce besoin de
VIVRE
l'épanouissement de la vie
la soif de beauté
la sensation de mon rayonnement
en joie
en espérance

En chacun de nous
il y a des semences de vie
mais aussi des semences de mort
aucun désir de vivre
de nous lever le matin
incapable de dormir
vivant endormi
souvent abattu
toujours critique
accusant les autres

sans goût, sans énergie
muet
avec un avant-goût de la mort
en proie à un désespoir

J'ai besoin de sentir
que je suis
que je suis unique
capable d'aimer et de vivre
reconnu et apprécié
pas seulement un spectateur
mais participant à la vie
pleinement
pleinement humaine
dansant avec l'humanité

La vie est une vigne en fleur
trop de lumière… ou trop peu
trop d'eau… ou pas assez
le fléau, la mort… desséchée, noyée
la vie appelle des mains délicates, douces
qui savent
la quantité d'eau
la quantité de lumière
nécessaire
au moment opportun

nous faisons partie de la création
où toute vie est appelée à grandir,
fleurir
et porter du fruit

Pour se développer
la vie a besoin de la sécurité
d'une famille
d'amis
d'une communauté de frères et sœurs
qui mettent leur confiance
dans l'Esprit
une force est donnée
pour affronter la peur et l'angoisse
et les inconnus
qui pourraient menacer
la floraison de la vie

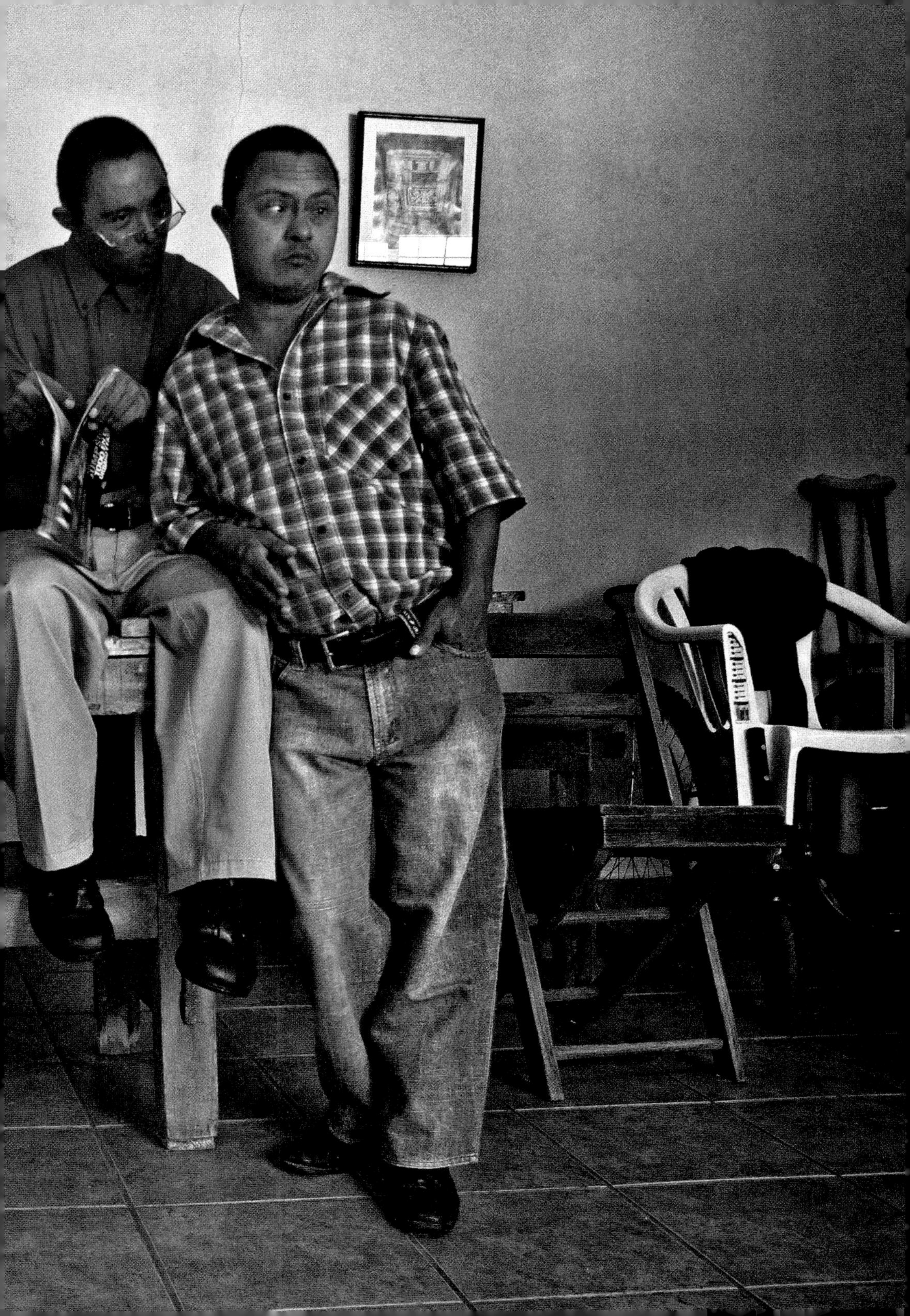

Le mouvement biologique
de la croissance
réclame
ce complément
physique et spirituel
de l'amour

pour se développer
l'enfant a besoin de sécurité
de soins compétents
de regards de tendresse
de mains aimantes

La vie a besoin
de la sécurité fondamentale
du sein maternel, de la terre
dans laquelle elle est conçue, portée, nourrie...
elle émerge ensuite à la lumière
dans la brise légère
la vie devient
amour
beauté
universalité
et le murmure de l'infini

Espérance et risque
amour de l'inconnu
intérêt éveillé dans l'instant présent
soif d'aventure
désir de nouvelles expériences...
débordement de générosité
quête de la connaissance
ouverture à l'avenir
appel à l'amour
disponibilité à l'Esprit
contemplation paisible
écoute priante
ciel clair
montagnes
mers profondes
respiration profonde
émerveillement

L'amour est le plus grand de tous les risques...
le don de moi-même
oserai-je courir ce risque... ?
oserai-je plonger
dans les eaux claires
les eaux tourbillonnantes
les eaux vives de l'amour
la fidélité de l'amour

Une rencontre
est chose rare et merveilleuse
présence
d'une personne à une autre
présents
l'un à l'autre
la vie s'écoulant de
l'un vers l'autre

Nous pouvons être ensemble
sans nous rencontrer
vivre dans la même maison
nous asseoir à la même table
nous agenouiller au même banc
lire les mêmes livres
communiquer par téléphone ou par mail

sans jamais nous rencontrer

nous pouvons nous embrasser

gestes d'amour

tendresse apparente

sans jamais nous rencontrer

Pour nous rencontrer nous devons nous écouter
attentivement
mon Dieu, comme je voudrais pouvoir t'écouter
toi, mon frère, ma sœur
écouter le battement de ton cœur
écouter ces appels, faibles, si faibles...
ces appels
qui sont là...
cachés,
je ne sais pourquoi
par ta peur...
écouter
mais au lieu d'écouter
j'ai mes idées à moi
je pénètre
je détruis
je moissonne
pour faire mon pain
pour moi
pour moi-même
si je n'écoute pas
je reste
isolé
je stagne
dans mon désespoir silencieux

J'ai besoin de parler
et de poursuivre mon chemin avec un autre
un ami
j'ai besoin de m'exprimer
de raconter des choses
et de t'écouter
c'est le mouvement de la vie
la vie qui est en moi et en toi
et qui demande à s'écouler
je dois parler… danser,
partageant ce que j'aime et ce que je déteste
mes espoirs, mes joies, mes peurs, mes deuils, mes faiblesses

me donnant moi-même
donnant ma vie
donnant la vie
recevant la tienne
vivant la communion

Au fond nous sommes toujours des enfants

un tout petit enfant a besoin de nourriture et d'un abri
mais plus encore
de la certitude d'être aimé
de savoir
que quelqu'un veille avec tendresse sur lui
prêt à se donner

si un enfant est vraiment aimé
vu comme important et précieux
la vie surgit en lui et s'écoule sur d'autres
ainsi il prend confiance en lui-même
en ses possibilités de création
un être merveilleux

L'effort
conçu…
né…
et nourri
dans l'amour

Je traite la misère en étranger

tu es né, tu as grandi dans un taudis...
tu es perdu
sans avenir
aucune joie à attendre
ni enfants qui t'aiment... ni estime...

moi, avec mes habits propres,
mon nez sensible
(je déteste les mauvaises odeurs !)
mes politesses...
une maison chaleureuse...
un monde de sécurité...

la lumière de la réalité
ne pénètre pas ma cellule..
la réalité de la misère humaine
si répandue, si profonde...

nous sommes comme deux prisonniers
séparés l'un de l'autre
la personne dans la misère...
emprisonnée
et dans la cellule voisine,
le nanti
bien installé, à l'aise
et le monde va son chemin... l'abîme se creuse
qui fera le pont ?

« Je ne veux pas renaître
mais si cela devait arriver
j'aimerais me retrouver parmi les intouchables
afin de partager leurs chagrins, leurs souffrances
et les affronts qu'on leur fait

de cette manière,
l'occasion me serait peut-être donnée
de les libérer, et de me libérer moi-même
de cette condition misérable »
Gandhi

Deux mondes
séparés par l'abîme de la PEUR
quelle paix, quelle rencontre sont possibles ?
quelle guérison des blessures ?
les richesses
ne réconforteront pas les désespérés
seulement la lumière douce d'une rencontre
peut éveiller leur beauté cachée

ils connaissent trop leur misère
leur inutilité apparente
ce qui leur manque
n'est pas la connaissance
mais l'espoir et la force
de se sortir des bas-fonds de la vie

où puiser cette force
qui jaillit de l'espoir
une relation
qui vaincra le désespoir ?

qui peut entendre le cri silencieux qui jaillit
des prisons
des hôpitaux psychiatriques
des quartiers de prostitution
des bidonvilles du monde

de tous ceux et celles qui ont été humiliés
se sentant seuls
perdus ?

« Bienheureux les miséricordieux
car ils obtiendront miséricorde »
Jésus

SITES INTERNET

Jean Vanier
http://jean-vanier.org/fr

Communautés de L'Arche
www.arche-france.org

Communautés Foi et Lumière
www.foietlumiere.org

Association Intercordia
www.intercordia.org

Jonathan Boulet-Groulx
http://balladcooperative.org/

TABLE

Composition et mise en pages
Nord Compo à Villeneuve-d'Ascq

Dépôt légal : septembre 2014
Imprimé par Loire Offset Titoulet en août 2014